CHAMBRE DE COMMERCE DE PARIS

RAPPORT

SUR LE FONCTIONNEMENT

DU

LABORATOIRE MUNICIPAL

PRÉSENTÉ

A LA CHAMBRE DE COMMERCE DE PARIS

Le 21 Février 1883

AU NOM DE LA COMMISSION DES DOUANES, ENTREPOTS ET MARCHÉS

Par F. JARLAULD

PARIS

IMPRIMERIE CHAIX

IMPRIMERIE ET LIBRAIRIE CENTRALES DES CHEMINS DE FER

SOCIÉTÉ ANONYME

Rue Bergère, 20, près du boulevard Montmartre

FÉVRIER 1883.

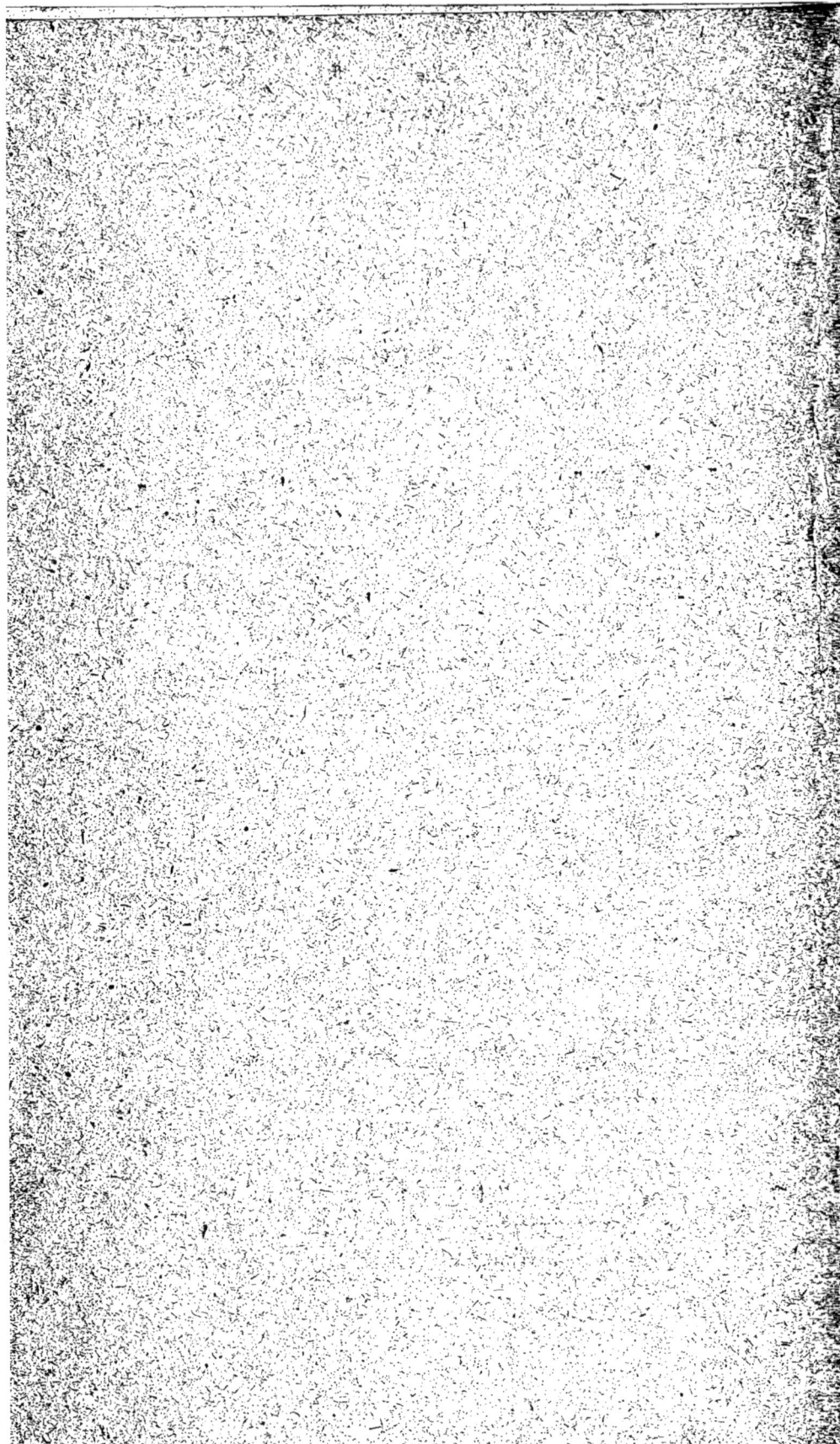

RAPPORT

SUR LE FONCTIONNEMENT DU

LABORATOIRE MUNICIPAL

Présenté à la Chambre de Commerce de Paris, le 21 février 1883, au nom de la Commission des douanes, entrepôts et marchés, par F. JARLAULD [1].

MESSIEURS,

Sur les observations que je vous ai présentées à notre séance du 7 courant, à propos du fonctionnement du laboratoire municipal de la Ville de Paris, vous avez décidé de renvoyer la question à la commission n° 1.

Après examen et discussion, cette commission a bien voulu me charger de vous faire un rapport que j'ai l'honneur de vous soumettre :

Je me fais un devoir de reconnaître que le laboratoire municipal rend des services incontestables à la consommation parisienne, mais il est permis de se demander s'il ne sort pas de ses attributions quand il vient, de sa seule autorité, fixer des moyennes, notablement supérieures à celles admises par les chimistes les plus compétents, et qui sont plutôt des maxima ; et donner à ses bulletins une publicité mensuelle qui, dans la forme sommaire où elle se produit, jette le discrédit et la déconsidération sur notre produit national par excellence.

Comme en ma qualité de Président du Syndicat des vins et spiritueux en gros de Paris, j'ai dû intervenir à

---

(1) Membres de la Commission : Félix Dehaynin, *président*. — Fortier Beaulieu. — Henri Fould. — Mignon. — Person. — Wey. — F. Jarlauld, *rapporteur*.

propos de cette question de moyenne, je vous demande la permission de reproduire les arguments que j'ai fait valoir auprès de M. le garde des sceaux à ce sujet.

Je lui ai signalé l'erreur grave où est tombé le laboratoire, en décrétant un chiffre inflexible en deçà duquel tout coupage expose son auteur à des poursuites correctionnelles.

Exiger du négociant que le vin qu'il livre au détaillant ait un minimum de 12 degrés d'alcool et de 24 grammes d'extrait sec, c'est ne pas tenir compte de la réalité des choses, de la récolte française notamment, dont la moyenne, d'après le tableau de l'illustre M. A. Wurtz, cité par le laboratoire lui-même (Documents sur les falsifications, page 57), a 18 grammes 9/10 seulement ; c'est décider que, quelles que soient les circonstances : que la saison ait été sèche ou pluvieuse, que le vin de telle année soit riche ou pauvre en alcool ou en extrait, le négociant sera tenu, sous peine d'amende et de prison, de couper ses vins de telle sorte qu'il fournira tant de degrés et tant de matières extractives ; c'est obliger le commerce, si une pareille théorie pouvait être admise, à ne se préoccuper, comme il l'a fait jusqu'ici, ni du goût de fruit, ni du bouquet, ni de la saveur, si chers au consommateur français, et à n'avoir plus qu'un objectif : trouver à l'étranger des vins corsés remplissant les conditions imposées par le laboratoire.

Comment, en effet, dans cette hypothèse des 24 grammes et des 12 degrés obligatoires, songer désormais aux vins de notre pays, généralement faibles en alcool et en extrait, et qui parfois, comme en 1882, sont descendus pour certains crus du Centre à 4 et même à 3 degrés d'alcool, et, pour certains vins du Midi, à 7 et 8 degrés. On serait bien forcé de les délaisser, car autrement on pourrait expier cruellement la préférence accordée aux produits nationaux.

Et voulez-vous la preuve, Messieurs, que l'extrait sec et l'alcool n'ont qu'une valeur relative? La voici. Si on mélange, par exemple, 4 parties de vin de Basse-Bourgogne avec une partie de Narbonne, on obtient le résultat suivant :

4 parties de Basse-Bourgogne ayant 15 grammes d'extrait sec et 7 degrés d'alcool, donnent

$$\text{60 gr. et 28 degrés.}$$

1 partie de Narbonne à 25 gr. et 12° ci 25 d° et 12 d°

$$\text{Ensemble } \quad \text{85 gr. et 40 degrés.}$$

soit une moyenne de 17 grammes et 8 degrés.

Or, si l'opération a été faite avec du Narbonne non plâtré, le laboratoire laissera passer ce vin à 17 grammes et à 8 degrés, parce qu'il dira : Pas de traces de sulfate, c'est du vin du Centre ; il en est encore de plus faible que celui-là.

Si, au contraire, l'opération a eu lieu avec du Narbonne contenant du plâtre, le Laboratoire trouvant du sulfate dans le coupage sera convaincu qu'il s'agit, dans l'espèce, de vin méridional et conclura au mouillage, sous prétexte que les petits vins du Midi en nature ont généralement plus de 17 grammes d'extrait sec et plus de 8 degrés d'alcool. Et pourtant, comme vous le voyez, dans l'un comme dans l'autre cas, il s'agit d'une opération honnête, licite et l'on peut même dire utile, puisqu'elle à servi à améliorer et à écouler du vin maigre et acerbe du Centre. Et l'on risquerait dans ces conditions de coupage loyal d'être ruiné et déshonoré ! Cela n'est pas croyable et pourtant c'est la vérité.

La preuve, Messieurs, que l'indication de l'alcool et de l'extrait sec n'a qu'une importance secondaire, c'est encore le fait suivant qui me paraît topique.

Un négociant livre, il y a un an et demi, à l'Assistance publique, après adjudication, du vin du Midi. L'Assistance le fait analyser sous le nom de coupage. Le Laboratoire répond vin mouillé, ce vin n'arrivant pas à sa moyenne, à cette moyenne hors de laquelle il n'y a pas selon lui, de vin de coupage naturel. Le négociant mis en cause réplique à l'Assistance : « Je vous ai vendu non du coupage, mais du vin de l'Hérault. — C'est vrai, répond l'Assistance. — Dans ce cas, le vin est en nature, reprend le Laboratoire. » Or je vous le demande, Messieurs, est-il admissible que le négociant soit jugé, non d'après la marchandise elle-même et sa qualité intrinsèque, mais d'après l'étiquette vraie ou fausse de cette marchandise ?

Il suffirait dans ce cas, pour être à l'abri de toutes poursuites, de facturer au détaillant au lieu de vin de coupage, du vin de l'Hérault ou du vin de Narbonne, lesquels contenant de 8 à 13 degrés d'alcool et de 18 à 26 grammes d'extrait sec, seront toujours dans les limites exigées pour les vins en nature.

D'autre part, tout doit-il se borner à fournir tant de cendres, tant d'alcool, tant d'extrait, tant de sulfate, tant de sucre réducteur, tant de tartre, etc., etc. ? — Non, car chacun sait que la science peut confectionner un liquide qui ait toutes ces éminentes qualités, sauf la principale, celle d'être et d'avoir le goût du vin.

Il me paraît donc indispensable qu'un comité de dégustation, dans le genre de celui qui est institué au Ministère du Commerce, fonctionne au laboratoire municipal. Les deux institutions se compléteraient l'une par l'autre. Jamais, en effet, des négociants et courtiers experts auxquels on soumettrait les deux coupages de Basse-Bourgogne et de Narbonne, l'un plâtré et l'autre ne l'étant pas, ne jugeraient comme frelaté celui contenant du sulfate de potasse. La dégustation ne peut se passer du laboratoire, car, au palais le mieux exercé échappent certains éléments tels que ceux de la coloration artificielle, du glucose, etc. ; mais d'un autre côté le laboratoire ne sera à l'abri de toute erreur que lorsque la dégustation venant à son aide lui aura dit, j'affirme, moi aussi, que le vin que vous me faites goûter est anormal.

J'ai donc dû déclarer à M. le ministre de la Justice que la moyenne du laboratoire ne saurait être érigée en dogme scientifique, et que vouloir la faire accepter comme un axiome de jurisprudence, c'est exposer les plus honnêtes gens à une condamnation imméritée. En voulez-vous la preuve ? Écoutez M. Magnier de la Source cité par le laboratoire à l'appui de sa thèse (Documents sur les falsifications, page 101).

« Ma moyenne de 24 grammes, dit ce savant, dans une » lettre adressée le 5 courant à M. le docteur Galippe, » représente le poids dans le vide et non à 100 degrés, » comme on le fait au laboratoire, soit une différence » d'au moins 3 grammes. Que ceux, ajoute-t-il, qui ont

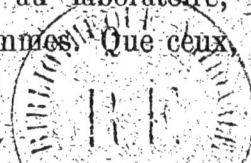

» établi à tort ou à raison, la moyenne de 24 grammes
» d'extrait à 100 degrés, se chargent de la défendre,
» rien de mieux, mais ils me permettront de protester
» hautement contre leur prétention de me faire assumer
» la responsabilité d'une allégation qui, à mon humble
» avis, ne supporte pas l'examen. »

J'ajouterai, Messieurs, qu'on peut livrer du vin excellent ayant 9 à 10 degrés d'alcool et 18 à 22 grammes d'extrait sec, témoin les meilleurs vins du Bordelais et du Beaujolais, et livrer par contre du vin exécrable ayant 14 à 15 degrés d'alcool et de 25 à 35 grammes d'extrait.

En somme, que peut-on, que doit-on exiger du négociant? Sinon qu'il livre du vin, tel que la nature l'a produit, pauvre ou riche en alcool et en extrait, suivant sa provenance, ou bien un coupage composé de ces deux sortes de vins, dans la proportion que j'ai indiquée tout à l'heure pour le coupage de Basse-Bourgogne et de Narbonne, ou dans toute autre proportion. A qui pourra-t-on persuader que deux vins naturels étant coupés ensemble, il peut résulter de leur mélange un vin falsifié?

Notre Société comporte hélas, assez de délits réels sans en forger d'imaginaires.

Je passe maintenant à la publicité mensuelle et retentissante donnée par le *Laboratoire* à ses analyses, publicité qui, à cause de sa forme incomplète, prête à des commentaires aussi fâcheux qu'erronés.

Dans son livre, *Document sur les falsifications*, déjà cité, le *Laboratoire* constate, page 119, que, dans le courant de 1881, il a été analysé 3,361 échantillons de vin, qu'il classe comme suit :

Bons	357	} 1.450	
Passables	1.093		} 3.361
Mauvais non nuisibles. . .	1.709	} 1.911	
Mauvais nuisibles	202		

Soit 10,63 0/0 de bons . . . . } 43,15 %
    32,52 — de passables . . .
    50,84 — de mauvais non nuisibles . } 56,85
    6,01 — de mauvais nuisibles . . .

                            100, »

Le *Laboratoire* constate d'autre part, page 199, que, dans le courant de la même année 1881, sur les 36 échantillons d'alcool qui lui ont été communiqués, il en a trouvé :

11 bons, soit 30,55 % . . . . . . } 55,55 %
 9 passables, soit 25 % . . . .
16 mauvais, soit 44,45 % 44,45

                            100, »

Il annonce enfin, page 200, que dans le même espace de temps, sur les 33 échantillons de liqueurs qui lui ont été soumis, il en a trouvé :

14 bons, soit . . . . 42,42 %
12 mauvais, soit 36,36 % . . } 57,58
 7 falsifiés, soit 21,22 %.

                            100, »

Et sur ces données vraiment par trop succinctes, plusieurs consuls américains résidant dans nos ports de mer et nombre de journaux étrangers, d'entrer en campagne et de déclarer bruyamment que la grande majorité des vins et spiritueux de France étant falsifiée, d'après les constatations mêmes de l'Administration française, il y a lieu d'en prohiber l'importation dans leurs pays.

Or, savez-vous, Messieurs, ce que valent ces exagérations? On livre à Paris annuellement 4,500,000 hectolitres de vin, soit en prenant une moyenne de 7 hectol. pour chaque livraison particulière, 640,000 parties de vin, soit 640,000 échantillons qui auraient pu être soumis au Laboratoire, car il va de soi qu'on ne lui porte ou qu'il n'analyse que les vins douteux et suspects.

Or, sur ces 640,000 parties livrées, il y en a eu combien? 1,911, soit seulement 3 pour mille qui sont de mauvaise qualité. Nous voilà loin du chiffre du Laboratoire de 56 0/0 et encore plus de celui du *Times*, qui estime généreusement à 6 1/2 0/0, le *quantum* des vins français buvables. Et si, au lieu de prendre les 56 0/0 qui comprennent les vins mauvais, nuisibles et non nuisibles, on calculait seulement sur le chiffre des nuisibles qui est de 6 0/0 (seul chiffre qui intéresse la santé publique), on trouverait la décimale insignifiante, j'ose dire homéopathique, de 31 centièmes pour mille !

Je n'ai pas besoin d'observer que le raisonnement que je viens de faire pour les vins s'applique naturellement aux spiritueux, c'est-à-dire que la mauvaise qualité est la très grande exception.

Eh bien, Messieurs, pensez-vous que s'il y avait des Laboratoires municipaux à Madrid, à Valence, à Alicante, à Barcelone, à Gênes, à Naples, à Rome, etc., et qu'on leur soumît des échantillons de vin comme on le fait à Paris, pensez-vous, dis-je, qu'on ne trouverait pas au moins la proportion indiquée par le laboratoire parisien? Je réponds hardiment oui, et j'ajoute que, fût-elle cent fois plus importante, il est probable que les municipalités espagnoles et italiennes garderaient leurs chiffres pour elles et ne verraient pas l'utilité de les proclamer *urbi et orbi.*

En résumé, Messieurs, et pour conclure, je vous propose de faire observer à M. le ministre du Commerce :

1º Que la moyenne créée par le Laboratoire de 12 degrés d'alcool et de 24 grammes d'extrait sec pour les vins de coupage, est arbitraire et représente bien plutôt un maximum qu'une moyenne ;

2º Que si les opérations du Laboratoire municipal offrent de sérieux avantages pour la population parisienne, par contre, sa publicité, à moins qu'elle ne soit réformée dans sa partie statistique, présente de graves inconvénients qu'il convient de faire cesser, si nous ne voulons pas perdre notre renommée de première nation vinicole du monde et voir, par suite, diminuer le chiffre déjà réduit de nos exportations.

Telle est, Messieurs, la double conclusion de la Commission des douanes, entrepôts et marchés, conclusion que je serais heureux de vous voir adopter.

Paris, 21 février 1883.

Le présent rapport a été discuté et adopté dans la séance du 21 février 1883 par la Chambre de Commerce de Paris qui en a décidé l'impression.

Le Président,

DIETZ-MONNIN.

Le Secrétaire,

MARCILHACY.

IMPRIMERIE CENTRALE DES CHEMINS DE FER. — IMPRIMERIE CHAIX. RUE BERGÈRE, 20, PARIS. — 10008-3.

www.ingramcontent.com/pod-product-compliance
Lightning Source LLC
Chambersburg PA
CBHW060714280326
41933CB00012B/2432